Impressum
Verlag: BABADADA GmbH, Nedderfeld 112 , 22529 Hamburg
Geschäftsführer / Verlagsleitung: Harald Hof
Druck: Books on Demand GmbH, In de Tarpen 42, 22848 Norderstedt

Imprint
Publisher: BABADADA GmbH, Nedderfeld 112 , 22529 Hamburg, Germany
Managing Director / Publishing direction: Harald Hof
Print: Books on Demand GmbH, In de Tarpen 42, 22848 Norderstedt

ትምህርት ቤት

koulu

ማካፈል
jakaa
186/2
ሰሌዳ
taulu
መማሪያ ክፍል
luokkahuone
የትምህርት ቤት ቅጥር ግቢ
koulunpiha
መምህር
opettaja
ወረቀት
paperi
kirjoittaa
እስክሪብቶ
kynä
መፃፊያ ጠረጴዛ
kirjoituspöytä
ማስመሪያ
viivoitin
መጽሐፍ
kirja
ተማሪ
oppilas

የጀርባ ቦርሳ

reppu

የእርሳስ መያዣ

penaali

እርሳስ

lyijykynä

የእርሳስ መቅረጫ

kynänteroitin

ላጲስ

pyyhekumi

የስዕል ደብተር

piirustuslehtiö

2 ትምህርት ቤት - koulu

ስዕል
....
piirustus

የቀለም ብሩሽ
....
pensseli

የቀለም ሳጥን
....
vesivärit

መቀስ
....
sakset

ማጣበቂያ
....
liima

መልመጃ ደብተር
....
harjoituskirja

የቤት ስራ
....
kotitehtävä

ቁጥር
....
luku

መደመር
....
lisätä

መቀነስ
....
vähentää

ማባዛት
....
kertoa

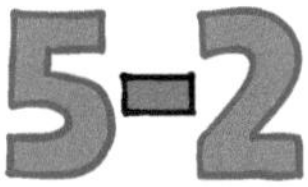

ቁጥሮችን ማስላት
....
laskea

A

ደብዳቤ
....
kirjain

ABCDEFG
HIJKLMN
OPQRSTU
VWXYZ

ፊደላት
....
aakkoset

ቃል
....
sana

ፅሑፍ

teksti

ማንበብ

lukea

ጠመኔ

liitu

ትምህርት

oppitunti

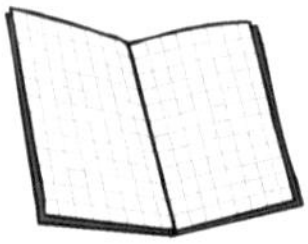

ምዝገባ

opettajan muistikirja

ፈተና

koe

ሰርተፊኬት

todistus

የትምህርት ቤት የደንብ ልብስ

koulupuku

ትምህርት

koulutus

አዉደ ጥበብ

sanakirja

ዩኒቨርስቲ

yliopisto

የምርምር አጉሊ መሳርያ

mikroskooppi

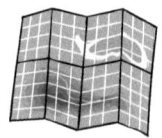

ካርታ

kartta

የቆሻሻ ወረቀት መጣያ ቅርጫት

roskakori

ሆቴል
hotelli
ማረፊያ ቤት
retkeilymaja
የዉጭ ገንዘብ ምንዛሪ ቢሮ
rahanvaihto
ልብስ መያዣ ሻንጣ
matkalaukku
መኪና
auto

ቋንቋ

kieli

አዎ/ አይደለም

kyllä / ei

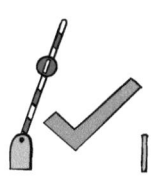

እሺ

selvä

ሰላም

hei

አስተርጓሚ

tulkki

አመሰግናለሁ

kiitos

ጉዞ - matka 5

ስንት ነዉ.......?

....

Paljonko...maksaa?

አልገባኝም

....

en ymmärrä

እክል

....

ongelma

እንደምን አመሹ!

....

Hyvää iltaa!

እንደምን አደሩ!

....

Hyvää huomenta!

መልካም ምሽት!

....

Hyvää yötä!

ደህና ይሰንብቱ

....

näkemiin

አቅጣጫ

....

suunta

ሻንጣ

....

matkatavarat

ቦርሳ

....

laukku

የጀርባ ቦርሳ

....

reppu

እንግዳ

....

vieras

ክፍል

....

huone

የመተኛ ቦርሳ

....

makuupussi

ድንኳን

....

teltta

የጎብኚዎች መረጃ
....
turisti-info

የባህር ዳርቻ
....
ranta

ክሬዲት ካርድ
....
luottokortti

ቁርስ
....
aamupala

ምሳ
....
lounas

እራት
....
päivällinen

ቲኬት
....
matkalippu

አሳንሰር
....
hissi

ማህተም
....
postimerkki

ድንበር
....
raja

ባህሎች
....
tulli

ኤምባሲ
....
suurlähetystö

ቪዛ/የይለፍ ወረቀት
....
viisumi

ፓስፖርት
....
passi

መጓጓዣ

kuljetus

አዉሮፕላን
lentokone
መርከብ
laiva
የእሳት አደጋ መኪና
paloauto
የጭነት መኪና
kuorma-auto
linja-auto
የሞተር ጀልባ
moottorivene
ብስክሌት
polkupyörä
መኪና
auto

የማመላለሻ ጀልባ

lautta

ጀልባ

vene

የሞተር ብስክሌት

moottoripyörä

የፖሊስ መኪና

poliisiauto

የዉድድር መኪና

kilpa-auto

የኪራይ መኪና

vuokra-auto

የመኪና መጋራት
....
car sharing

ጎታች መኪና
....
hinausauto

የቆሻሻ ጭነት መኪና
....
roska-auto

ሞተር
....
moottori

ነዳጅ
....
polttoaine

የቤንዚን ማደያ
....
huoltoasema

የመንገድ ምልክት
....
liikennemerkki

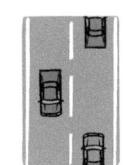

የመኪኖች እንቅስቃሴ
....
liikenne

የመኪና መጨናነቅ
....
ruuhka

የመኪና ማቆሚያ
....
parkkipaikka

የባቡር ጣቢያ
....
rautatieasema

የባቡር ሀዲዶች
....
raiteet

ባቡር
....
juna

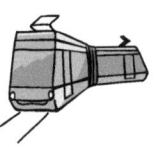

የኤሌክትሪክ ባቡር
....
raitiovaunu

ሰረገላ
....
vaunu

ሄሊኮፕተር

helikopteri

አየር ማረፊያ

lentokenttä

ማማ

lähilennonjohto

መንገደኛ

matkustaja

ማስቀመጫ፤ ማጠራቀሚያ

kontti

ካርቶን እቃ ማሸጊያ

pahvilaatikko

ጋሪ፤ ተሳቢ

kärryt

ቅርጫት

kori

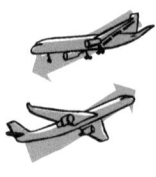

መነሳት/ ማረፍ

nousta / laskea

ከተማ

kaupunki

መንደር

kylä

የከተማ ማዕከል

keskusta

ቤት

talo

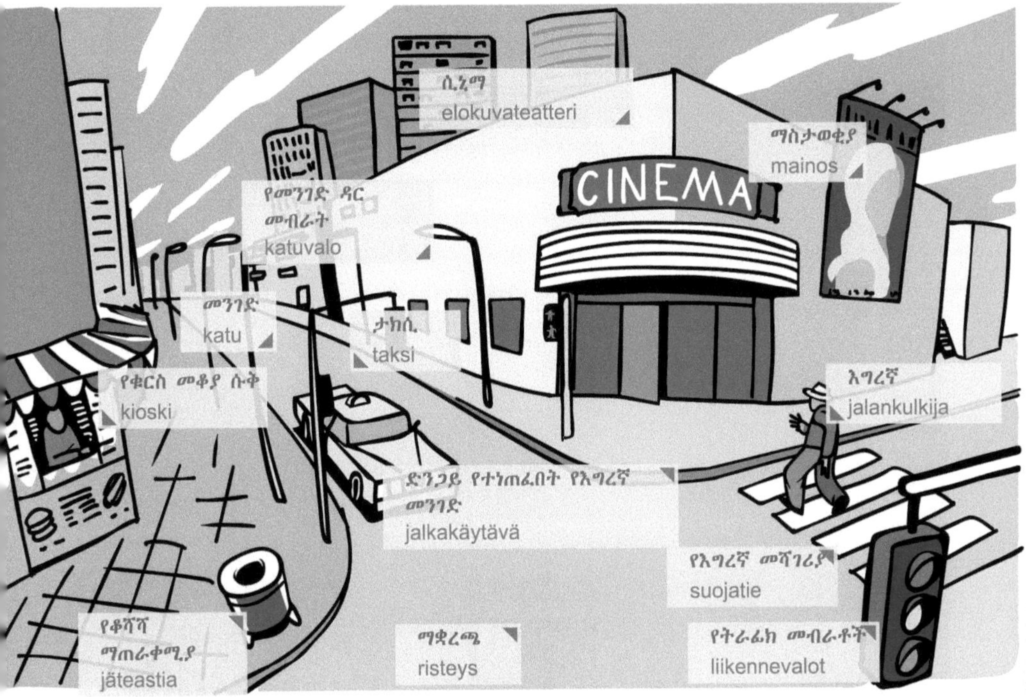

ሲኒማ
elokuvateatteri
CINEMA
ማስታወቂያ
mainos
የመንገድ ዳር መብራት
katuvalo
መንገድ
katu
ታክሲ
taksi
የቁርስ መቆያ ሱቅ
kioski
እግረኛ
jalankulkija
ድንጋይ የተነጠፈበት የእግረኛ መንገድ
jalkakäytävä
የእግረኛ መሻገሪያ
suojatie
የቆሻሻ ማጠራቀሚያ
jäteastia
ማቋረጫ
risteys
የትራፊክ መብራቶች
liikennevalot

ጎጆ
....
mökki

አፓርታማ
....
kerrostalo

የባቡር ጣቢያ
....
rautatieasema

የከተማ አዳራሽ
....
kaupungintalo

ቤተ መዘክር
....
museo

ትምህርት ቤት
....
koulu

ዩኒቨርስቲ

yliopisto

ባንክ

pankki

ሆስፒታል

sairaala

ሆቴል

hotelli

መድሐኒት ቤት

apteekki

ቢሮ

toimisto

መፅሐፍ መሸጫ

kirjakauppa

ሱቅ

liike

የአበባ መሸጫ

kukkakauppa

የሸቀጣ ሸቀጥ መደብር

supermarketti

ገበያ ስፍራ

tori

መደብር

tavaratalo

የዓሳ ነጋዴ

kalakauppias

የገበያ ማዕከል

ostoskeskus

ወደብ

satama

መናፈሻ ቦታ
puisto

አግዳሚ ወንበር
penkki

ድልድይ
silta

ደረጃዎች
portaat

ዉስጥ ለዉስጥ
metro

ዋሻ
tunneli

የአዉቶቡስ ፌርማታ
linja-autopysäkki

ባር
baari

ምግብ ቤት
ravintola

የፖስታ ሳጥን
postilaatikko

የመንገድ ምልክት
katukyltti

የመኪና ማቆሚያ ሒሳብ የሚያሰላ
ማሽን
parkkimittari

የደር እንስሳት ማቆያ
eläintarha

የመዋኛ ገንዳ
uimala

መስጊድ
moskeija

እርሻ
maatila

የሚበክል ነገር
ympäristön saastuminen

መቃብር ስፍራ
hautausmaa

ቤተ ክርስቲያን
kirkko

መጫወቻ ሜዳ
leikkikenttä

ቤተ መቅደስ
temppeli

መልከዓምድር
maisema

ቅጠል
lehti

የመንገድ ላይ ምልክት
tienviitta

መንገድ
tie

አረንጓዴ መስክ
niitty

ድንጋይ
kivi

ዛፍ
puu

በእግሩ የሚጓዝ
retkeilijä

ወንዝ
joki

ሳር
ruoho

አበባ
kukka

ሸለቆ

laakso

ኮረብታ

vuori

ሀይቅ

järvi

ጫካ

metsä

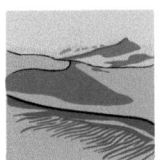

በረሃ

aavikko

እሳተ ገሞራ

tulivuori

ግምብ

linna

ቀስተ ዳመና

sateenkaari

እንጉዳይ

sieni

የቴምብር ዛፍ/ ዘንባባ

palmu

ቢንቢ/ የወባ ትንኝ

hyttynen

በራሪ

kärpänen

ጉንዳን

muurahainen

ንብ

mehiläinen

ሸረሪት

hämähäkki

ጢንዚዛ
kovakuoriainen

እንቁራሪት
sammakko

ሽኮኮ
orava

ጃርት
siili

ጥንቸል
jänis

ጉጉት ወፍ
pöllö

ወፍ
lintu

የዉሃ ዳክዬ
joutsen

ከርከሮ
villisika

አጋዘን
peura

አጋዘን
hirvi

ግድብ
pato

በነፋስ የሚሽከረከር
tuulimylly

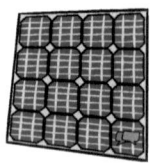

የፀሀይ ፓኔሎ
aurinkopaneeli

አየር ንብረት
ilmasto

ምግብ ቤት

ravintola

አስተናጋጅ
tarjoilija
ማዉጫ
ruokalista
ወንበር
tuoli
ሾርባ
keitto
ፒዛ
pitsa
መክተፊያ
ruokailuvälineet
የጠረጴዛ ጨርቅ
pöytäliina

የምግብ ፍላጎትን የሚከፍት ምግብ
....
alkuruoka

ዋና ምግብ
....
pääruoka

ማጣጣሚያ ተከታይ ምግብ
....
jälkiruoka

መጠጦች
....
juomat

ምግብ
....
ruoka

ጠርሙስ
....
pullo

ፈጣን ምግብ

pikaruoka

የመንገድ ምግብ

katuruoka

የሻይ ማንቆርቆሪያ

teekannu

የስኳር እቃ

sokeriastia

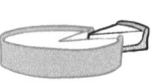

ድርሻ

annos

የቡና ማፊያ ማሽን

espressokeitin

ባለጌ ወንበር

syöttötuoli

የክፍያ ደረሰኝ

lasku

ትሪ

tarjotin

ቢላዋ

veitsi

ሹካ

haarukka

ማንኪያ

lusikka

የሻይ ማንኪያ

teelusikka

ልብስ ምግብ እንዳይነካ የሚረዳ ጨርቅ

servietti

ብርጭቆ

lasi

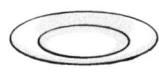

ዝርግ ሰሀን

lautanen

የሾርባ ጎድጓዳ ሰሀን

syvä lautanen

የስኒ ማስቀመጫ

aluslautanen

ማጣፈጫ ስጎ

kastike

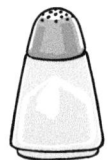

የጨዉ እቃ

suolasirotin

የተፈጨ ቃሪያ

pippurimylly

ኮምጣጤ

etikka

የምግብ ዘይት

öljy

ቀመማ ቅመሞች

mausteet

የቲማቲም ድልህ

ketsuppi

ሰናፍጭ

sinappi

ማዮኒዝ

majoneesi

ልዩ አቅራቦት
tarjous
FOR
ደምበኛ
asiakas
የወተት ተዋፅዖ
maitotuotteet
ፍራፍሬ
hedelmät
ባለ ጎማ የእጅ ጋሪ
ostoskärryt

ሉካንዳ ነጋዴ

teurastamo

መጋገርያ

leipomo

ክብደት መመዘን

punnita

ቅጠላ ቅጠል አትክልት

kasvikset

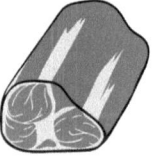

ስጋ

liha

የቀዘቀዘ/የረጋ ምግብ

pakasteet

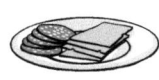

ቀዝቃዛ ቁራጭ

leikkele

የታሸገ ምግብ

säilykkeet

የማጠቢያ ዱቄት

pesujauhe

ጣፋጮች

makeiset

የቤት ዉስጥ ዉጤቶች

kotitaloustarvikkeet

የፅዳት ምርቶች

puhdistusaineet

የሽያጭ ባለሙያ

myyjä

የገንዘብ መመዝቢያ ማሽን

kassa

የሒሳብ ሰራተኛ

kassanhoitaja

የግዢ ዝርዝር

ostoslista

ክፍት ሰዓታት

aukioloajat

የኪስ ቦርሳ

lompakko

ክሬዲት ካርድ

luottokortti

ቦርሳ

kassi

የፕላስቲክ ቦርሳ

muovipussi

መጠጦች

juomat

ውሃ

vesi

ጭማቂ

mehu

ወተት

maito

ኮካ-ኮላ

kokis

ወይን

viini

ቢራ

olut

አልኮል

alkoholi

ኮካ

kaakao

ሻይ

tee

ቡና

kahvi

የተፈላ ቡና

espresso

ካፑቺኖ

cappuccino

ሙዝ

banaani

ፖም

omena

ብርቱካን

appelsiini

ሀብሀብ

meloni

ሎሚ

sitruuna

ካሮት

porkkana

ነጭ ሽንኩርት

valkosipuli

ሸምበቆ

bambu

ቀይ ሽንኩርት

sipuli

እንጉዳይ

sieni

ለዉዝ

pähkinät

የህፃናት ምግብ

spagetti

ፓስታ

spagetti

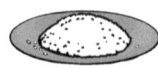

ሩዝ

riisi

ሰላጣ

salaatti

የድንች ጥብስ

ranskalaiset

ድንች ጥብስ

paistetut perunat

ፒዛ

pitsa

ዳቦ ዉስጥ በስሱ ተጠብሶ የገባ
ስጋ

hampurilainen

ሳንድዊች

voileipä

ጥሬ ስጋ

leike

የአሳማ ስጋ

kinkku

በቅመምና በጨዉ የታሸ ምግብ
ቀዝቅዞ የሚበላ ሾርባ ምግብ

salami

ቋሊማ

makkara

ዶሮ

kana

ጥብስ

paisti

አሳ

kala

የአጃ ገንፎ
kaurahiutaleet

ከወተት ጋር ተደባልቀዉ የሚበሉ
ምግቦች
mysli

የበቆሎ ቅርፊት
murot

ዱቄት
jauho

ኩራሳ
voisarvi

ድብልብል ዳቦ
sämpylä

ዳቦ
leipä

መጥበስ
paahtoleipä

ብስኩት
keksit

ቅቤ
voi

እርጎ
rahka

ኬክ
kakku

እንቁላል
kananmuna

እንቁላል ጥብስ
paistettu kananmuna

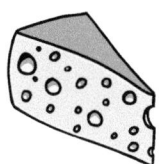

አይብ
juusto

ምግብ - ruoka

25

የበረዶ ክሬም

jäätelö

ስኳር

sokeri

ማር

hunaja

ማርማላት

hillo

የተናጠ የወተት ክሬም

suklaapähkinälevite

ማጣፈጫ

curry

የገበሬ ቤት
maatila
የእህልና የከብት ማቀመጫ ቤት
lato; liiteri
የጭድ ክምር
heinäpaali
ሜዳ
pelto
ፈረስ
hevonen
ተሳቢ መኪና
peräkärry
የእርሻ መኪና
traktori
የፈረስ ዉርንጭላ
varsa
አህያ
aasi
በግ
lammas
የበግ ጠቦት
karitsa

ፍየል
....
vuohi

ላም
....
lehmä

ጥጃ
....
vasikka

አሳማ
....
sika

ግልገል አሳማ
....
porsas

ኮርማ
....
sonni

እርሻ - maatila 27

ዝይ

hanhi

ዳክዬ

ankka

የዶሮ ጫጩት

tipu

ዶሮ

kana

አውራ ዶሮ

kukko

አይጥ

rotta

ድድመት

kissa

አይጥ

hiiri

በሬ

härkä

ውሻ

koira

የውሻ ቤት

koirankoppi

የአትክልት ቦታ

puutarhaletku

ውሃ ማጠጫ ባልዲ

kastelukannu

ረጅም ማጭድ

viikate

ማረሻ

aura

ማጭድ
sirppi

መኮትኮቻ
kuokka

የእህል መንሽ
talikko

መጥረቢያ
kirves

ኩርኩር/ የእጅ ጋሪ
kottikärryt

ገንዳ
kaukalo

የወተት ዕቃ
maitokannu

ጆንያ ከረጢት
säkki

አጥር
aita

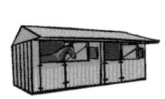

የፈረስ ጋጣ
talli

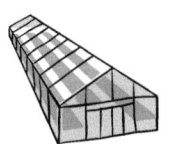

ዕፅዋት ማሳደጊያ የመስታዉት ቤት
kasvihuone

አፈር
maa

ዘር
siemen

የመሬት ማዳበሪያ
lannoite

ጥምር ማረሻ
leikkuupuimuri

አዝመራ መሰብሰብ

kerätä sato

አዝመራ

sato

ድንች

jamssit

ስንዴ

vehnä

ሶያ

soija

ድንች

peruna

በቆሎ

maissi

የከብት መኖ

rypsi

የፍሬ ዛፍ

hedelmäpuu

የካሳቫ ዛፍ

maniokki

እህል

vilja

ቤት

talo

የጪስ ማዉጫ
savupiippu
katto
sadevesikouru
መስኮት
ikkuna
ጋራዥ
autotalli
የበር ደወል
ovikello
በር
ovi
የቆሻሻ ማጠራቀሚያ
roska-astia
ፖስታ ሳጥን
postilaatikko
የአትክልት ቦታ
puutarha

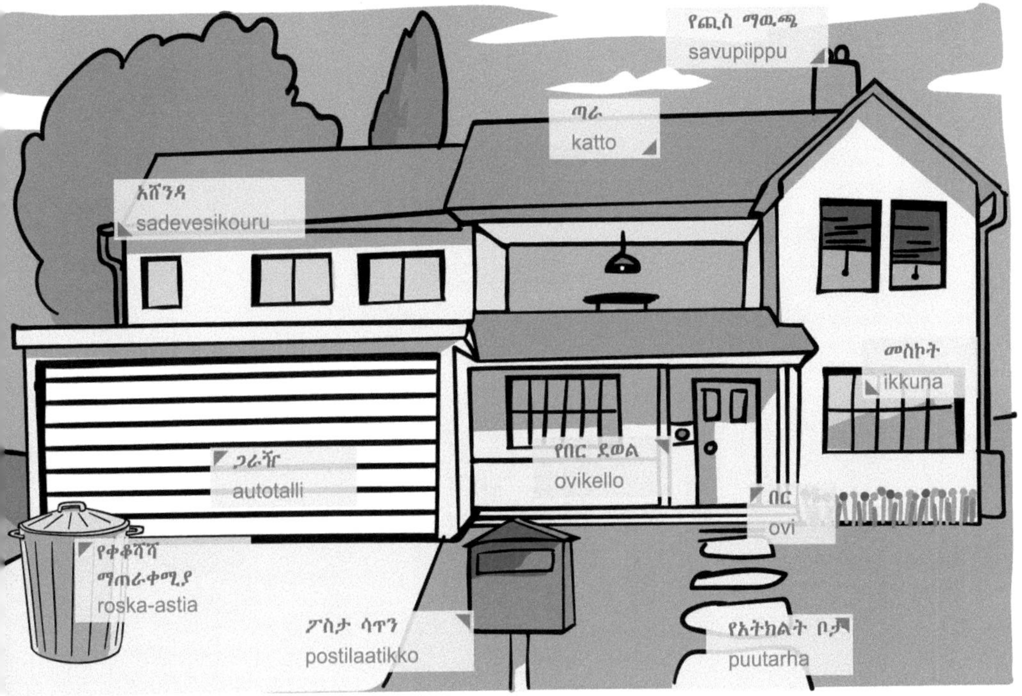

ሳሎን

olohuone

መታጠቢያ ቤት

kylpyhuone

ማድቤት

keittiö

መኝታ ቤት

makuuhuone

የልጅ ክፍል

lastenhuone

መመገቢያ ክፍል

ruokahuone

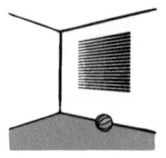

ወለል

lattia

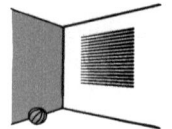

ግድግዳ

seinä

ጣሪያ

katto

ምድር ቤት

kellari

በእንፋሎት ሙቀት መታጠቢያ
ቤት

sauna

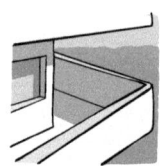

ሰገነት

parveke

ከፍ ያለ መደብ

terassi

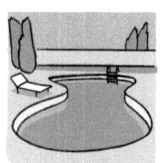

የመዋኛ ገንዳ

uima-allas

የማጨጃ መኪና

ruohonleikkuri

አንሶላ

lakana

የአልጋ ልብስ

päiväpeitto

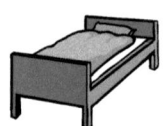

አልጋ

sänky

መጥረጊያ

harja

ባልዲ

ämpäri

ማብሪያና ማጥፊያ

katkaisin

ሳሎን
olohuone

የግድግዳ ወረቀት
tapetti
ፎቶ
kuva
መብራት
lamppu
መደርደሪያ
hylly
ቁም ሳጥን፣ ካቢኔ
kaappi
televisio
የእሳት መሞቂያ
takka
አበባ
kukka
ትራስ
tyyny
ሶፋ
sohva
የአበባ ማስቀመጫ
maljakko
ሪሞት ኮንትሮል
kaukosäädin

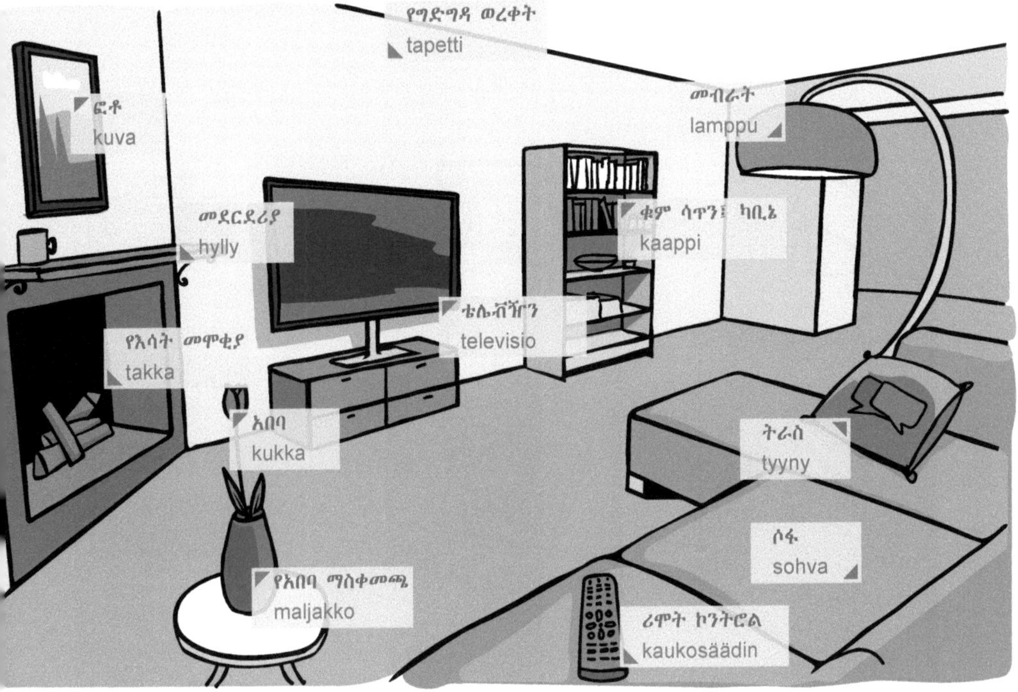

ንጣፍ

matto

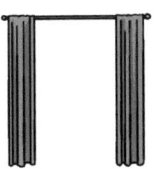

መጋረጃ

verho

ጠረጴዛ

pöytä

ወንበር

tuoli

ተወዛዋዥ ወንበር

keinutuoli

ባለመደገፊያ ወንበር

nojatuoli

መጽሐፍ

kirja

ብርድ ልብስ

peitto

ጌጥ

koriste

ማገዶ

polttopuut

ፊልም

elokuva

የሙዚቃ መማጫወቻ

stereot

ቁልፍ

avain

ጋዜጣ

sanomalehti

ስዕል

maalaus

የተለጠፈ ማስታወቂያ እንደ ስዕል

juliste

ራዲዮ

radio

ማስታወሻ ደብተር

muistivihko

የአየር ማፅጃ ለምንጣፍ

pölynimuri

ቁልቋል

kaktus

ሻማ

kynttilä

ማድቤት
keittiö

ማቀዝቀዣ
jääkaappi
ማይክሮዌቭ ምግብ ማብሰያ
mikroaaltouuni
የኩሽና መመዘኛ ሚዛን
keittiövaaka
ዳቦ መጥበሻ
leivänpaahdin
ንፁህ ማድረጊያ
pesuaine
ምድጃ
leivinuuni
ማቀዝቀዣ
pakastinlokero
የቆሻሻ ማጠራቀሚያ
roska-astia
እቃ ማጠቢያ
astianpesukone

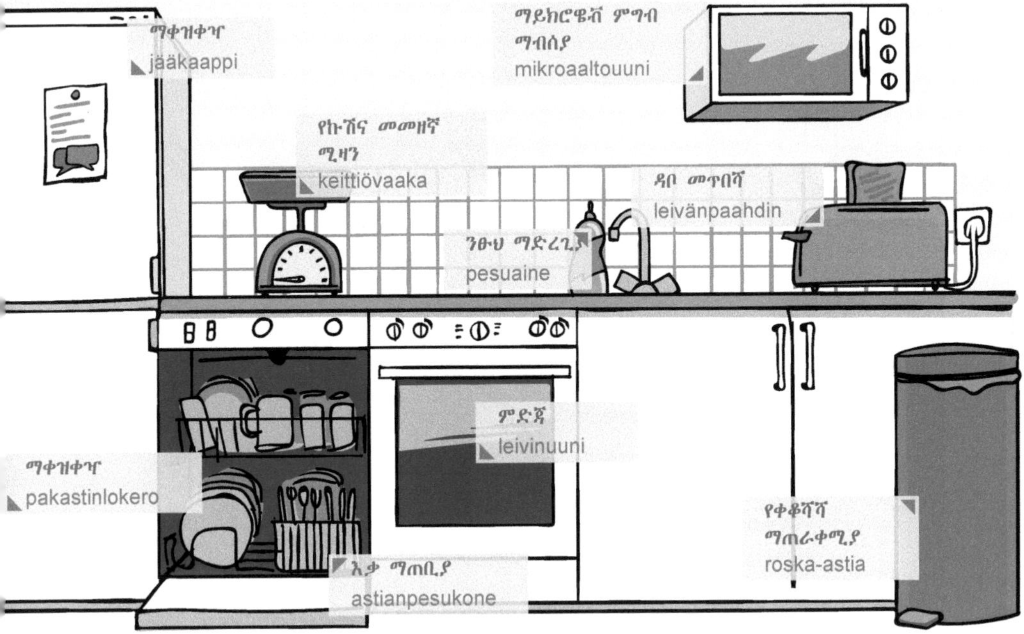

ምግብ አብሳይ
....
liesi

ማሰሮ
....
kattila

የብረት ማሰሮ
....
rautapata

ምግብ ማብሰያ ዝርግ ድስት
....
vokkipannu / kadai-pannu

የምግብ መጥበሻ
....
paistinpannu

ማንቆርቆሪያ
....
teepannu

የእንፋሎት ማብሰያ

höyrykeitin

የመጋገሪያ ትሪ

uunipelti

ሰብስቦች

astiat

ትልቅ ኩባያ

muki

ጎድጓዳ ሳህን

kulho

ቾፕስቲክስ

syömäpuikot

ጭልፋ

kauha

መሰቅሰቂያ ዝርግ ማንኪያ

paistinlasta

ማደባለቂያ

vispilä

መወጠሪያ

siivilä

ወንፊት

siivilä

መፈርፈሪያ መሳሪያ

raastin

ሲሚንቶ

mortteli

የፍም ጥብስ

grilli

የተለቀቀ እሳት

avotuli

መክተፊያ
....
leikkuulauta

ተንሸራታች መርፌ
....
kaulin

የጠርሙስ መክፈቻ
....
korkinavaaja

ጣሳ
....
purkki

የጣሳ መክፈቻ
....
purkinavaaja

የማሰሮ መሸፈኛ
....
pannulappu

ሳህን ማጠቢያ
....
lavuaari

ብሩሽ
....
tiskiharja

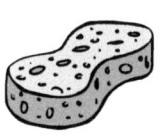

ስፖንጅ
....
pesusieni

መደባለቂያ መሳሪያ
....
tehosekoitin

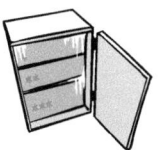

በጣም ማቀዝቀዣ
....
pakastin

ጡጦ
....
tuttipullo

ቧንቧ
....
vesihana

መታጠቢያ ቤት

kylpyhuone

ማሞቂያ
lämmitys
መታጠቢያ
suihku
ፎጣ
pyyhe
የመታጠቢያ ቤት መጋረጃ
suihkuverho
የአረፋ መታጠቢያ
vaahtokylpy
የመታጠቢያ ገንዳ
kylpyamme
ብርጭቆ
lasi
የልብስ ማጠቢያ
pesukone
vesihana
ማዕዘን ወለል
kaakelit
potta
ሳህን ማጠቢያ
lavuaari

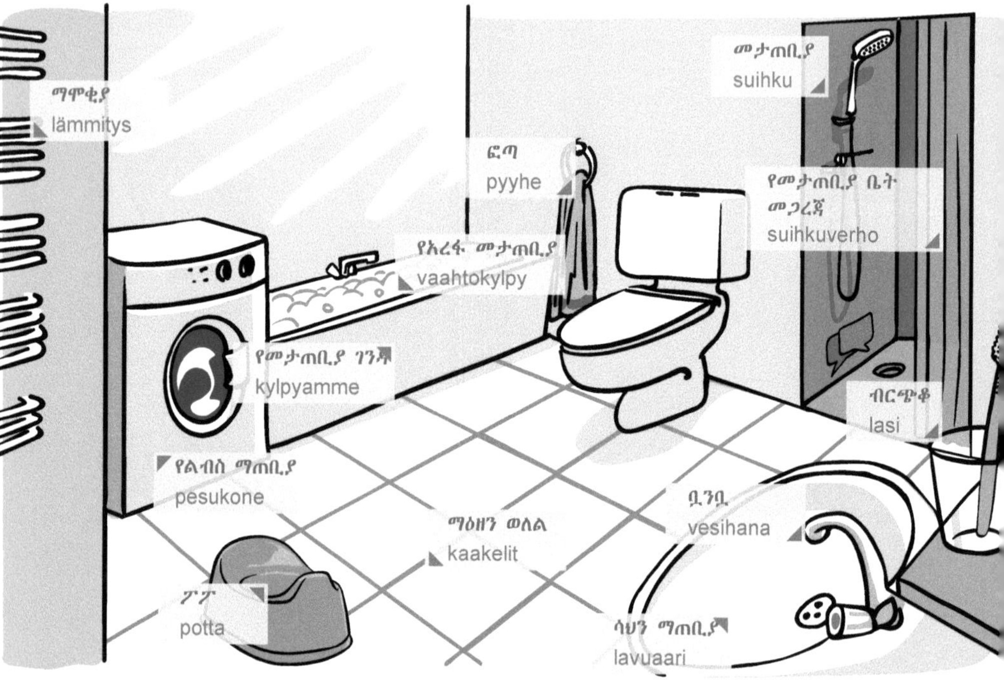

ሽንት ቤት

vessa

የሽንት ቤት መቀመጫ

kyykkyvessa

ሳፋ

bidee

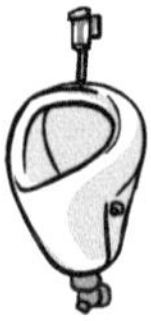

የመንገድ ዳር መሽኛ

pisuaari

የሽንት ቤት ወረቀት

vessapaperi

የሽንት ቤት ማፅጃ ብሩሽ

vessaharja

የጥርስ ብሩሽ
hammasharja

የጥርስ ሳሙና
hammastahna

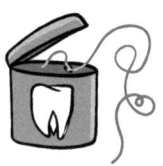

የጥርስ ማፅጃ ክር
hammaslanka

መታጠብ
pestä

የእጅ መታጠቢያ
käsisuihku

መታጠቢያ
intiimisuihku

ጎድጓዳ ሳህን
pesuvati

የጀርባ ብሩሽ
selkäharja

ሳሙና
saippua

መታጠቢያ የሚዝለገለግ ሳሙና
suihkugeeli

የፀጉር መታጠቢያ ሳሙና
shampoo

ለስላሳ ጨርቅ
pesulappu

ፍሳሽ
viemäri

ክሬም
voide

ጠረን መቀየሪያ ንጥረ ነገር
deodorantti

መስታወት

....

peili

የእጅ መስታወት

....

käsipeili

ምላጭ

....

partaveitsi

የመላጫ አረፋ

....

partavaahto

ከመላጨት በኋላ የሚቀባ ሽቱ

....

partavesi

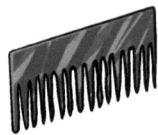

ማበጠሪያ

....

kampa

ብሩሽ

....

harja

የፀጉር ማድረቂያ

....

hiustenkuivaaja

በፀጉር ላይ የሚነፋ

....

hiuslakka

የፊት መቀባቢያ

....

meikki

የከንፈር ቀለም

....

huulipuna

የጥፍር ቀለም

....

kynsilakka

የጥጥ ሱፍ

....

pumpuli

ጥፍር መቁረጫ

....

kynsisakset

ሽቶ

....

hajuvesi

ማጠቢያ ባልዲ

kosmetiikkalaukku

መቀመጫ

jakkara

ሚዛን

vaaka

የመታጠቢያ ልብስ

kylpytakki

የላስቲክ ጓንት

kumihansikkaat

ሞዴስ

tamponi

የፅዳት ፎጣ

terveysside

የሽንት ቤት ኬሚካል

kemiallinen wc

የልጅ ክፍል

lastenhuone

የማንቂያ ደዉል ሰዐት
herätyskello
የህፃን አሻንጉሊት
pehmolelu
የመጫወቻ መኪና
leikkiauto
ማንገጫገጫ
መጫወቻ
helistin
የአሻንጉሊት ቤት
nukkekoti
ስጦታ
lahja

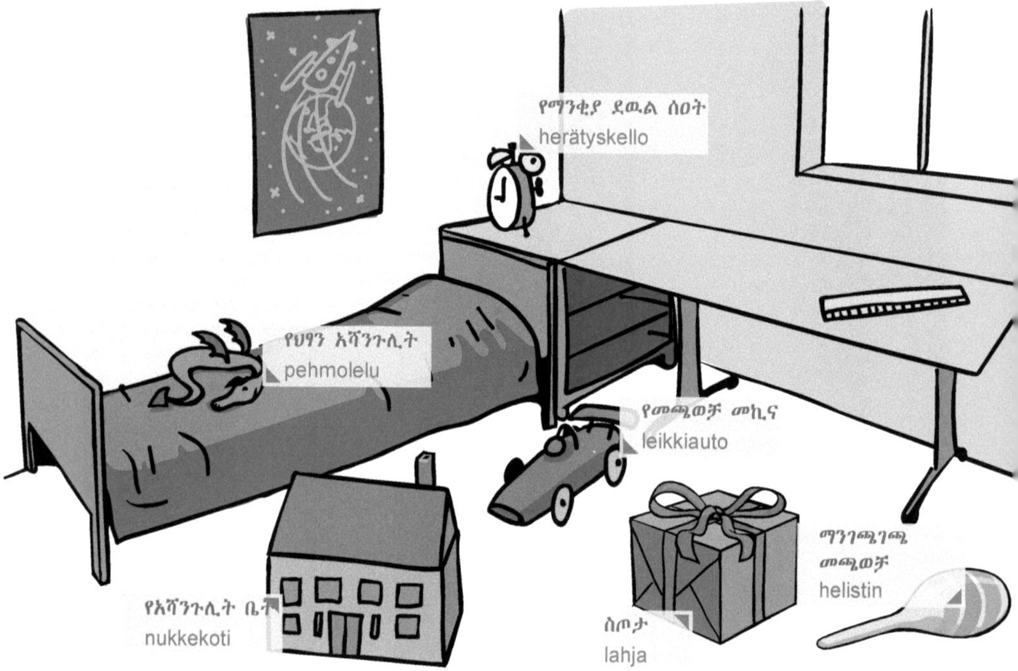

ፊኛ

ilmapallo

አልጋ

sänky

የህፃን ማንሸራሸሪያ ጋሪ

lastenvaunut

የካርታ መጫወቻ

korttipeli

ቁርጥራጭ ምስሎችን የማገጣጠም
እና ምስል የማግኘት ጨዋታ

palapeli

አዝናኝ

sarjakuva

ተገጣጣሚ መጫወቻ
....
legopalikat

የመጫወቻ መገጣጠሚያዎች
....
rakennuspalikat

የድርጊት ምስል
....
supersankari

የህፃን እድገት
....
potkupuku

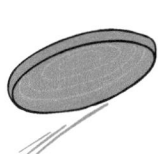

የፕላስቲክ መጫወቻ ዝርግ ሰሀን
....
frisbee

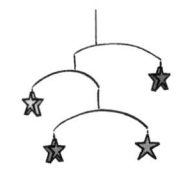

ተወ ዋዥ የህፃን ማጫወቻ
....
mobile

የሰሌዳ ጨዋታ
....
lautapeli

የመጫወቻ ጠጠር
....
noppa

የመጫወቻ ባቡር
....
pienoisjunarata

የእንጀራ እናት ጡጦ
....
tutti

ድግስ
....
juhlat

የስዕል መፅሀፍ
....
kuvakirja

ኳስ
....
pallo

አሻንጉሊት
....
nukke

መጫወት
....
leikkiä

የአሸዋ መጫወቻ

....

hiekkalaatikko

ዥዋዥዌ

....

keinu

መጫወቻዎች

....

lelut

የቪዲዮ መጫወቻ

....

pelikonsoli

ባለ ሶስት ጎማ ብስክሌት

....

kolmipyörä

የአሻንጉሊት ድብ

....

nalle

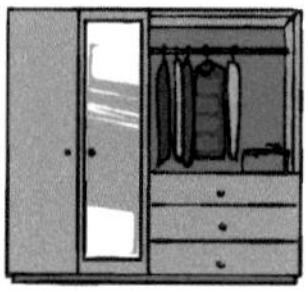

ቁምሳጥን

....

vaatekaappi

አልባሳት

vaatteet

ካልሲዎች

....

sukat

ስቶኪንጎች

....

nylonsukat

ታይት

....

sukkahousut

የአንገት ልብስ
kaulaliina

ጃንጥላ
sateenvarjo

ቀበቶ
vyö

ከናቴራ
t-paita

ቦቲ
saappaat

የቤት ዉስጥ ነጠላ ጫማ
sisätossut

ስኒከሮች
lenkkarit

ነጠላ ጫማዎች
....
sandaalit

ጫማዎች
....
kengät

የዝናብ ቡትስ
....
kumisaappaat

ሙታንታ
....
alushousut

ጡት መያዣ
....
rintaliivit

ሰደርያ
....
aluspaita

ሰዉነት

body

ሱሪዎች

housut

ጅንስ

farkut

ጉርድ ቀሚስ

hame

ሸሚዝ

pusero

ሸሚዝ

paita

የሚጠለቅ ሹራብ

villapaita

ሹራብ

collegepaita

ዩኒፎርም ጃኬት

jakku

ጃኬት

takki

ኮት

takki

የዝናብ ኮት

sadetakki

ልብስ

puku

ቀሚስ

mekko

የሙሽራ ቀሚስ

hääpuku

ሱፍ

puku

የለሊት ልብስ

yöpaita

የለሊት ልብስ

pyjama

ረጅም ቀሚስ

shari

ሂጃብ

päähuivi

ጥምጣም

turbaani

ቡርቃ

burka

ሽርጥ

kaftaani

አባያ

abaya

የዋና ልብስ

uimapuku

አጭር ቁምጣ

uimahousut

ቁምጣዎች

shortsit

የስራ ቱታ

verkkarit

ሽርጥ

esiliina

ጓንት

käsineet

ቁልፍ

nappi

መነፅር

silmälasit

አምባር

rannekoru

የአንገት ሀብል

kaulakoru

ቀለበት

sormus

የጆሮ ጌጥ

korvakoru

ኮፍያ

lippalakki

የኮት መስቀያ

ripustin

ኮፍያ

hattu

ከረቫት

solmio

ዚፕ

vetoketju

የብረት ቆብ

kypärä

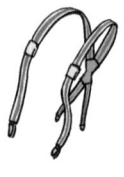

መደገፊያ

henkselit

የትምህርት ቤት የደንብ ልብስ

koulupuku

የደንብ ልብስ

univormu

መሃረብ

ruokalappu

የእንጀራ እናት ጡጦ

tutti

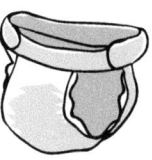

ሽንት ጨርቅ

vaippa

ቢሮ

toimisto

ማሰራጫ ጣቢያ
palvelin
የፋይል መደርደሪያ ካቢኔ
asiakirjakaappi
ወረቀት
paperi
የህትመት መሳሪያ
tulostin
መቆጣጠሪያ
näyttö
hiiri
መፃፊያ ጠረጴዛ
kirjoituspöytä
ማህደር
kansio
የመፃፊ ቁልፎች
näppäimistö
የቆሻሻ ወረቀት መጣያ ቅርጫት
roskakori
tietokone
ወንበር
tuoli

የቡና መጠጫ ትልቅ ኩባያ

kahvimuki

ማስልያ ማሽን

taskulaskin

ኢንተርኔት

internet

ላፕቶፕ

kannettava tietokone

ደብዳቤ

kirje

መልዕክት

viesti

ተንቀሳቃሽ ስልክ

kännykkä

የግንኙነት አዉታር

verkko

ማባዣ ማሽን

kopiokone

ሶፍትዌር

ohjelmisto

ስልክ

puhelin

የግድግዳ ሶኬት

pistorasia

የፋክስ ማሽን

faksi

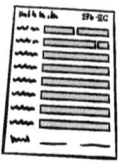

ቅፅ

lomake

ሰነድ

asiakirja

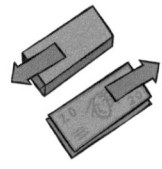

መግዛት

ostaa

መክፈል

maksaa

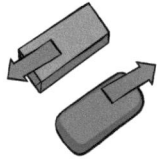

መነገድ

vaihtaa

ገንዘብ

raha

ዶላር

dollari

ዩሮ

euro

የን

jeni

ሩብል

rupla

የስዊዝ ፍራንክ

frangi

ሬንሚንቢ ዩዋን

renminbi juan

ሩጲ

rupia

የገንዘብ ነጥብ

pankkiautomaatti

የዉጭ ገንዘብ ምንዛሪ ቢሮ

rahanvaihto

ወርቅ

kulta

ብር

hopea

ዘይት

öljy

ይል፤ ጉልበት

energia

ዋጋ

hinta

ግንኙነት

sopimus

ቀረጥ

vero

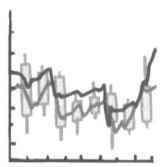

አክስዮን

osake

መስራት

työskennellä

ተቀጣሪ

työntekijä

ቀጣሪ

työnantaja

ፋብሪካ

tehdas

ሱቅ

liike

የስራ ሙያዎች
ammatit

የፖሊስ አዛዥ
poliisi
የእሳት አደጋ ሰራተኛ
palomies
ምግብ አብሳይ
kokki
ዶክተር
lääkäri
አብራሪ
lentäjä

አትክልተኛ
puutarhuri

አናጢ
puuseppä

ልብስ ሰፊ ሴት
ompelija

ዳኛ
tuomari

ቀማሚ
kemisti

ተዋናይ
näyttelijä

የአዉቶቢስ ሹፌር

linja-autonkuljettaja

የታክሲ ሹፌር

taksinkuljettaja

አሳ አጥማጅ

kalastaja

ፅዳት ሰራተኛ

siivooja

የጣራ ሰራተኛ

katontekijä

አስተናጋጅ

tarjoilija

አዳኝ

metsästäjä

ሰዓሊ

maalari

ጋጋሪ

leipuri

የኤሌትሪክ ሰራተኛ

sähköasentaja

ገምቢ

rakentaja

መሃንዲስ

insinööri

ልኳንዳ

teurastaja

የቧንቧ ሰራተኛ

putkiasentaja

የፖስታ ሰራተኛ

postinjakaja

ወታደር

sotilas

መሃንዲስ

arkkitehti

የሒሳብ ሰራተኛ

kassanhoitaja

አበባ ሻጭ

floristi

የፀጉር ሰራተኛ

kampaaja

ቲኬት ቆራጭ

konduktööri

መካኒክ

mekaanikko

ካፒቴን

kapteeni

የጥርስ ሐኪም

hammaslääkäri

ተመራማሪ

tiedemies

መምህር

rabbi

የሙስሊም ሃይማኖታዊ መሪ

imaami

መነኩሴ

munkki

ካህን

pappi

መሳሪያዎች

työkalut

ተቆላፊ ጉጠት
pihdit
vasara
መፍቻ
ruuvimeisseli
ባትሪ
taskulampp
የመሳሪ መፍቻ
jakoavain

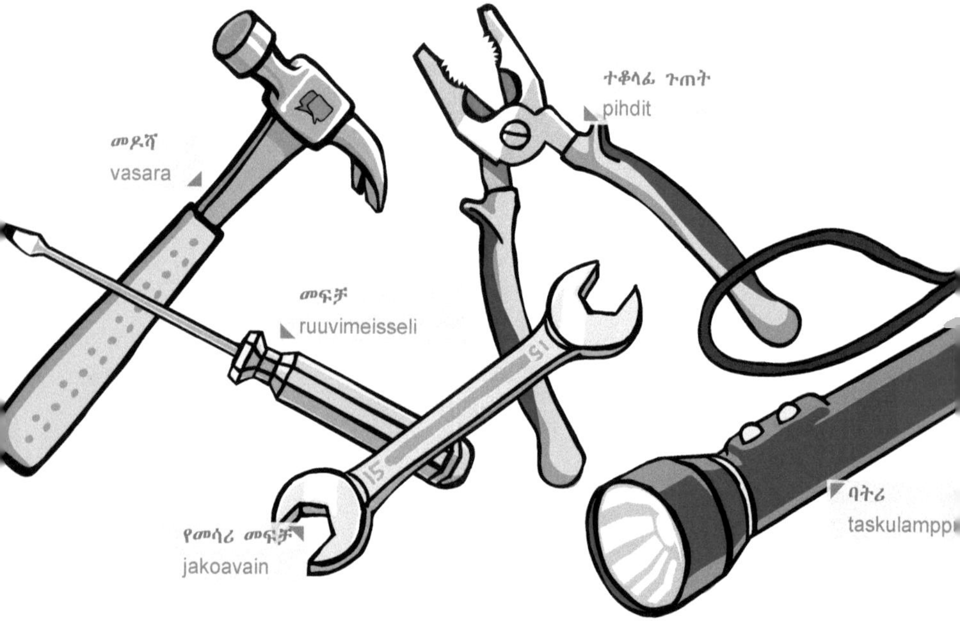

በቁፋሮ የሚዝቅ

kaivinkone

የመፍቻ ሳጥን

työkalupakki

መሰላል

tikkaat

መጋዝ

saha

ምስማር

naulat

መሰርሰሪያ

pora

መጠገን

korjata

አካፋ

lapio

የተረገመ!

Hitto!

ቆሻሻ ማፈሻ

rikkalapio

የቀለም ቆርቆሮ

maalipurkki

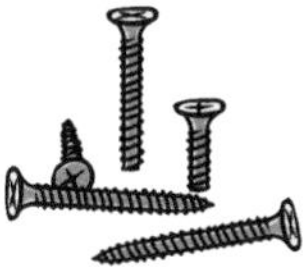

ብሎን

ruuvit

የሙዚቃ መሳሪያዎች

soittimet

የከበሮ መሳሪያዎች
rummut
የድምፅ ማጉያ መሳርያ
kaiuttimet
ክራር መሰል የሙዚቃ መሳሪያ
kitara
የትንፋሽ ሙዚቃ መሳሪያ
trumpetti
ድርብ ቤዝ ጊታር
kontrabasso

የሙዚቃ መሳሪያዎች - soittimet 57

ፒያኖ

piano

ቫዮሊን

viulu

ወፍራም፣ ጎርናና ድምፅ ያለዉ
ክራር መሰል ሙዚቃ መሳሪያ

basso

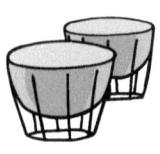

ነጋሪት

patarummut

ከበሮ

rumpu

በኤሌክትሪክ የሚሰራ ፒኖ

kosketinsoitin

የትንፋሽ ሙዚቃ መሳሪያ

saksofoni

ዋሽንት

huilu

የድምፅ ማጉያ

mikrofoni

የደር እንስሳት ማቆያ

eläintarha

ነብር
tiikeri
ሳጥን
häkki
መግቢያ
sisäänkäynti
የሜዳ አህያ
seepra
የእንስሳ ምግብ
eläinten ruoka
ትልቅ ድብ
panda

እንስሳቶች

eläimet

ዝሆን

norsu

ካንጋሮ

kenguru

አዉራሪስ

sarvikuono

ትልቅ ዝንጀሮ

gorilla

ድብ

karhu

ግመል

kameli

ሰጎን

strutsi

አንበሳ

leijona

ጦጣ

apina

ቅልጥመ ረዥም ወፍ

flamingo

በቀቀን

papukaija

የወዋልታ ድብ

jääkarhu

የዋልታ ወፎች

pingviini

ረጅም ጥርሶች ያሉትአሳ ነባሪ

hai

ጣዎስ

riikinkukko

እባብ

käärme

አዞ

krokotiili

የዱር አራዊት የሚጠበቁበት ማቆያን የሚጠብቅ

eläintarhanhoitaja

አሳ በሊታ የባህር እንስሳ

hylje

የዱር ድመት

jaguaari

ድንክ ፈረስ

poni

ነብር

leopardi

ጉማሬ

virtahepo

ቀጭኔ

kirahvi

ንስር

kotka

ከርከሮ

villisika

አሳ

kala

የባህር ኤሊ

kilpikonna

የባህር አዉሬ

mursu

ቀበሮ

kettu

የሜዳ ፍየል፤ ሚዳቋ

gaselli

የስፖርት አይነቶች

urheilu

የአሜሪካ እግርኳስ
amerikkalainen jalkapallo
የብስክሌት ስፖርት
pyöräily
ቴኒስ
tennis
የቅርጫት ኳስ
koripallo
ዋና
uinti
የበረዶ ላይ የገና ጨዋታ
jääkiekko
የቡጢ ስፖርት
nyrkkeily

እግር ኳስ

jalkapallo

የላበ ኳስ ጨዋታ

sulkapallo

አትሌቲክስ

yleisurheilu

የእጅ ኳስ ስፖርት

käsipallo

የበረዶ መንሸራተት ስፖርት

hiihto

ፈረስ ግልቢያ

poolo

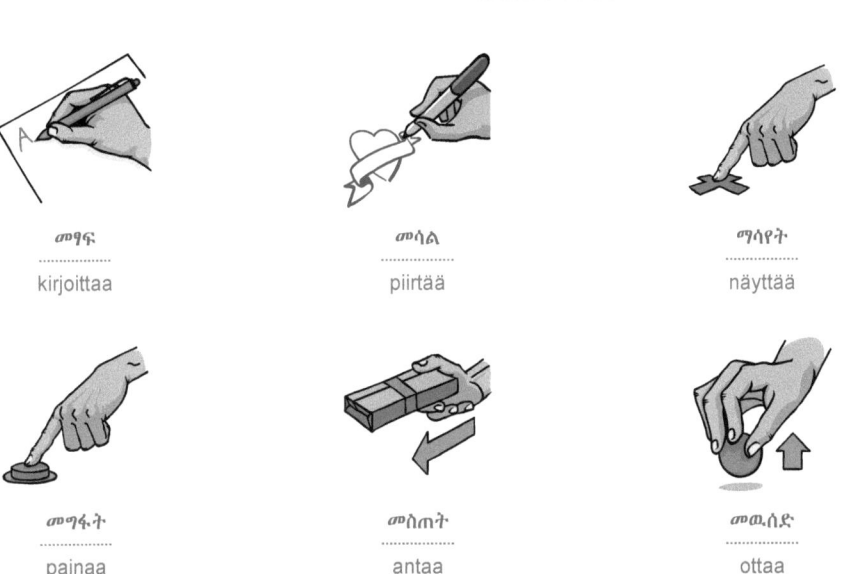

እንቅስቃሴዎች

aktiviteetit

መዝለል
hypätä
ማቀፍ
halata
መሳቅ
nauraa
መራመድ
kävellä
መዘመር
laulaa
ህልም ማለም
unelmoida
መፀለይ
rukoilla
መሳም
suudella

መፃፍ

kirjoittaa

መሳል

piirtää

ማሳየት

näyttää

መግፋት

painaa

መስጠት

antaa

መዉሰድ

ottaa

መያዝ
....
omistaa

ማድረግ
....
tehdä

መሆን
....
olla

መቆም
....
seisoa

መሮጥ
....
juosta

መሳብ
....
vetää

መወርወር
....
heittää

መዉደቅ
....
kaatua

መዋሸት
....
maata

መጠበቅ
....
odottaa

መሸከም
....
kantaa

መቀመጥ
....
istua

መልበስ
....
pukeutua

መተኛት
....
nukkua

መንቃት
....
herätä

መመልከት
....
katsoa

ማለልቀስ
....
itkeä

መጫር
....
silittää

ማበጠር
....
kammata

ማዉራት
....
puhua

መረዳት
....
ymmärtää

ጥያቄ
....
kysyä

ማዳመጥ
....
kuunnella

መጠጣት
....
juoda

መብላት
....
syödä

ማንፃት
....
siivota

ማፍቀር
....
rakastaa

ምግብ ማብሰል
....
keittää

መንዳት
....
ajaa

መብረር
....
lentää

መርከብ መንዳት

purjehtia

ቁጥሮችን ማስላት

laskea

ማንበብ

lukea

መማር

oppia

መስራት

työskennellä

ማግባት

mennä naimisiin

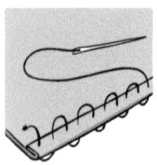

መስፋት

ommella

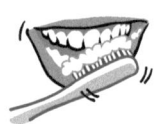

ጥርስ መቦረሽ

pestä hampaat

መግደል

tappaa

ማጨስ

tupakoida

መላክ

lähettää

ቤተሰብ
perhe

የሴት አያት
mummo
የወንድ አያት
ukki
አባት
isä
እናት
äiti
ህፃን
vauva
ሴት ልጅ
tytär
ወንድ ልጅ
poika

እንግዳ

vieras

አክስት

täti

አጎት

setä

ወንድም

veli

እህት

sisko

አካል

vartalo

ግንባር
otsa
አይን
silmä
ትከሻ
olkapää
ጣት
sormet
ፊት
kasvot
አገጭ
leuka
እጅ
käsi
እግር
jalka
ጡት
rinta
ክንድ
käsivarsi

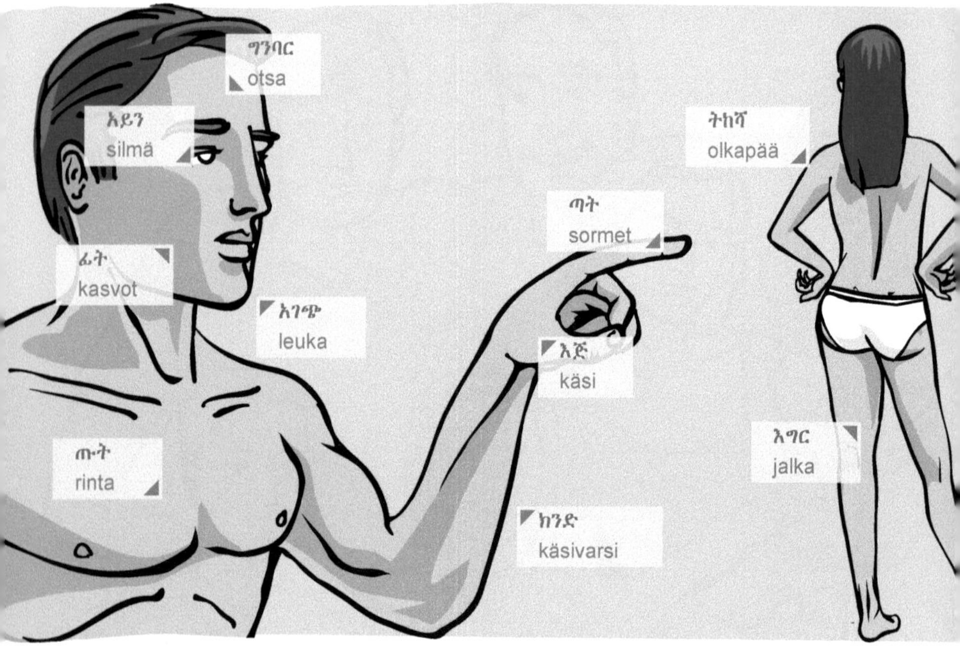

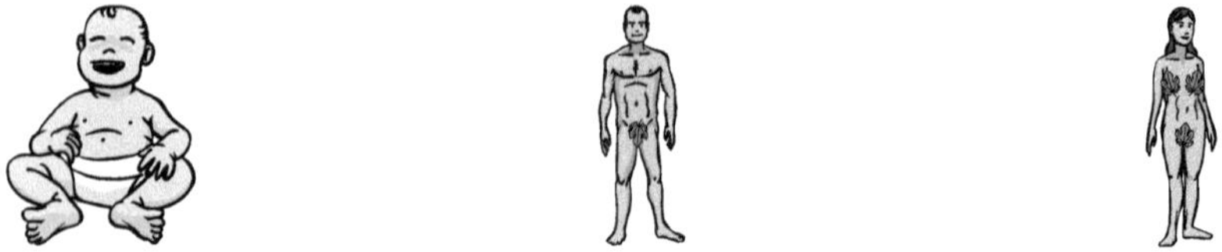

ህፃን
vauva

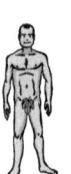

ሰዉ
mies

ሴት
nainen

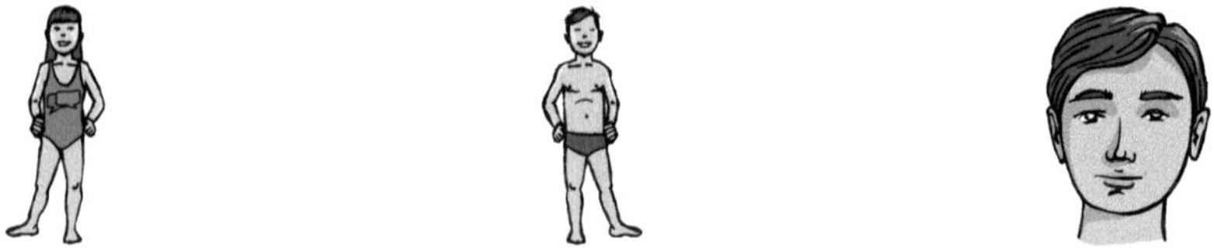

ልጃገረድ
tyttö

ወንድ ልጅ
poika

ራስ
pää

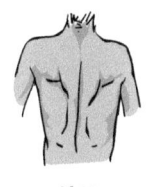

ጀርባ

selkä

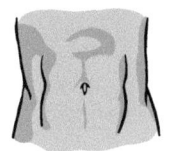

ሆድ

maha

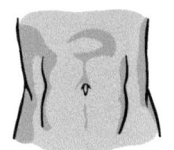

እምብርት

napa

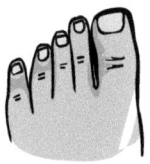

የእግር ጣት

varvas

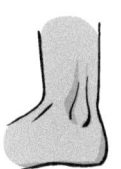

ተረከዝ

kantapää

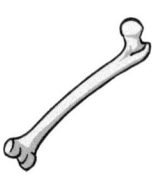

አጥንት

luu

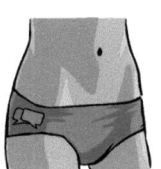

ዳሌ

lantio

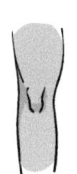

ጉልበት

polvi

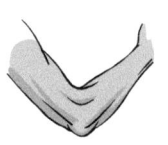

ክርን

kyynärpää

አፍንጫ

nenä

ቂጥ

takapuoli

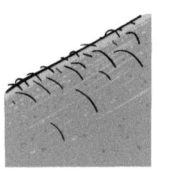

ቆዳ

iho

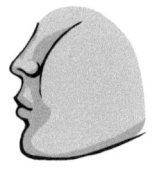

ጉንጭ

poski

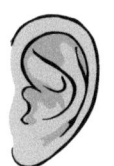

ጆሮ

korva

ከንፈር

huuli

አፍ

suu

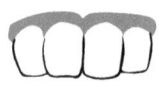

ጥርስ

hammas

ምላስ

kieli

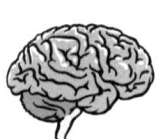

አንጎል

aivot

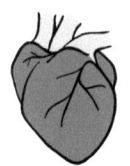

ልብ

sydän

ጡንቻ

lihas

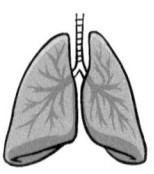

ሳምባ

keuhkot

ጉበት

maksa

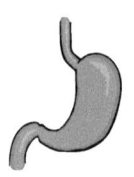

ሆድ

vatsa

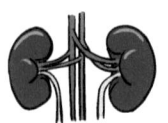

ኩላሊቶች

munuaiset

የግብረስጋ ግንኙነት

seksi

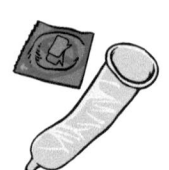

ኮንዶም

kondomi

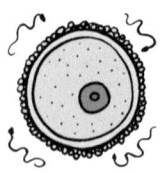

የሴት እንቁላል

munasolu

የዘር ፈሳሽ

sperma

እርግዝና

raskaus

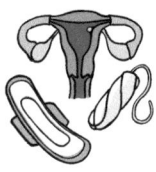

የወር አበባ
....
kuukautiset

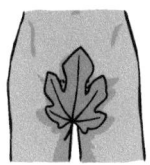

እምስ
....
vagina

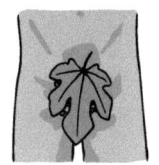

ላ
....
penis

ቅንድብ
....
kulmakarvat

ፀጉር
....
hiukset

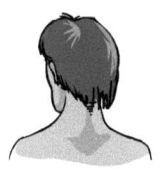

አንገት
....
niska

ሆስፒታል

sairaala

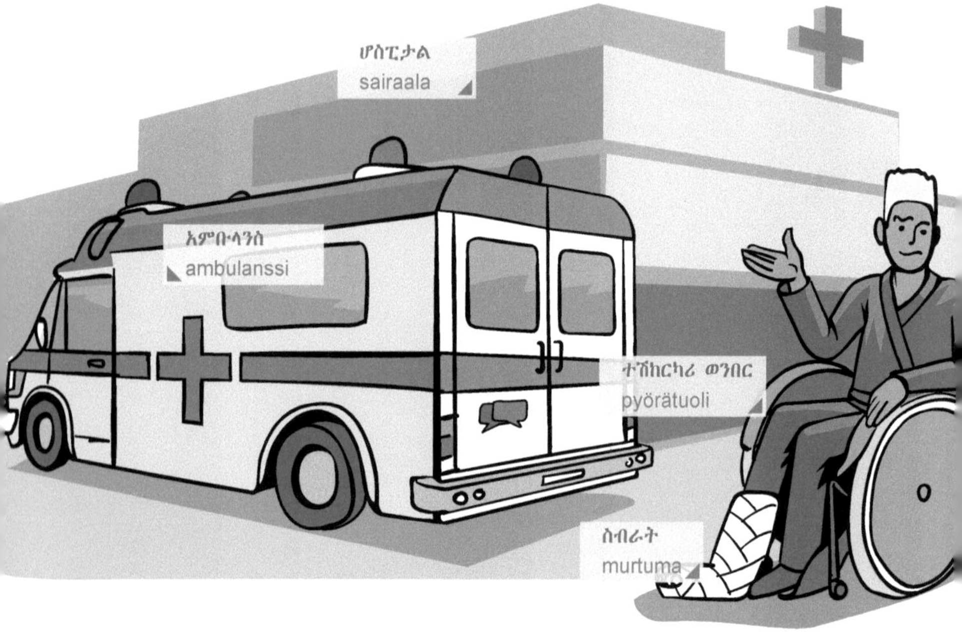

ሆስፒታል
sairaala
አምቡላንስ
ambulanssi
ተሽከርካሪ ወንበር
pyörätuoli
ስብራት
murtuma

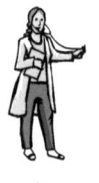

ዶክተር

lääkäri

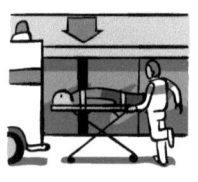

ድንገተኛ ክፍል

ensiapu

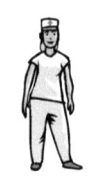

ነርስ

sairaanhoitaja

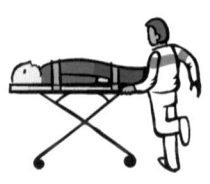

ድንገተኛ

hätätilanne

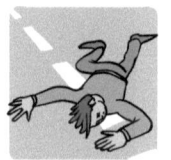

ራስን መሳት/ አለማወቅ

tajuton

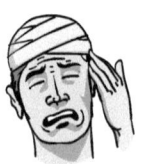

ህመም

kipu

ጉዳት
vamma

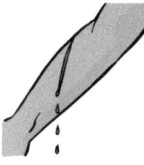

መድማት
verenvuoto

የልብ ድካም
sydänkohtaus

ስትሮክ
aivoinfarkti

አለርጂ
allergia

ሳል
yskä

ትኩሳት
kuume

ኢንፍሉዌንዛ
flunssa

ተቅማጥ
ripuli

የራስ ምታት
päänsärky

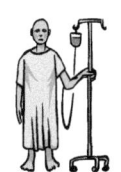

ካንሰር
syöpä

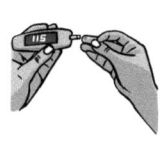

የስኳር በሽታ
diabetes

ቀዶ ጠጋኝ ሐኪም
kirurgi

የቀዶ ጥገና ስለት
veitsi

ቀዶ ጥገና
leikkaus

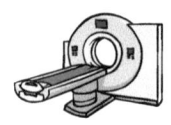

ሲቲ

ct

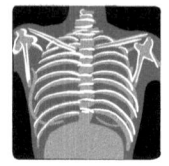

ክስሬዩ

röntgen

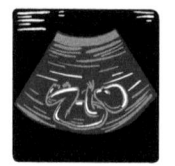

አልትራሳዉንድ

ultraääni

የፊት ጭምብል

maski

በሽታ

sairaus

መጠበቂያ ክፍል

odotushuone

ምርኩዝ

sauva

የቁስል ማሸጊያ

laastari

ፋሻ

side

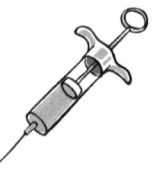

መርፌ

pistos

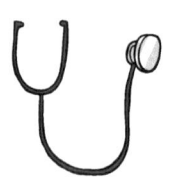

የልብ ምት ማዳመጫ መሳሪያ

stetoskooppi

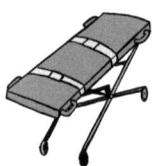

የበሽተኛ አልጋ

paarit

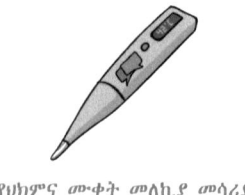

የህክምና ሙቀት መለኪያ መሳሪያ

kuumemittari

መውለድ

syntymä

ከልክ ያለፈ ክብደት

ylipaino

ስማት የሚረዳ መሳሪያ

kuulolaite

ፀረ ተባይ መድሀኒት

desinfiointiaine

ማመርቀዝ

infektio

ቫይረስ

virus

ኤች አይቪ ኤድስ

HIV / AIDS

ህክምና

lääke

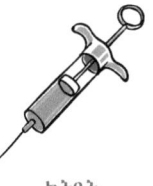

ክትባት

rokotus

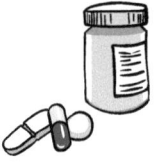

ኪኒን

tabletit

ኪኒን

pilleri

አስቸኳይ የስልክ ጥሪ

hätäpuhelu

ደም ግፊት መቆጣጠሪያ

verenpainemittari

ህመም/ ጤንነት

sairas / terve

ድንገተኛ

hätätilanne

እርዳታ!

Apua!

ማንቂያ ደወል

hälytys

ጥቃት

ryöstö

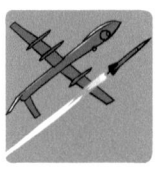

ድብደባ

hyökkäys

አደጋ

vaara

የድንገተኛ መዉጫ

hätäuloskäynti

እሳት!

Tulipalo!

እሳት ማጥፊያ

palosammutin

አደጋ

onnettomuus

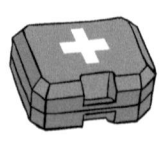

የመጀመሪያ እርዳታ መድሃኒት መያዣ

ensiapulaukku

ነፍስ አድን

SOS

ፖሊስ

poliisilaitos

አዉሮፓ

Eurooppa

ሰሜን አሜሪካ

Pohjois-Amerikka

ደቡብ አሜሪካ

Etelä-Amerikka

አፍሪካ

Afrikka

እስያ

Aasia

አዉስትራሊያ

Australia

አትላንቲክ

Atlantin valtameri

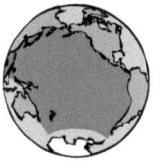

ፓስፊክ

Tyynimeri

የህንድ ዉቅያኖስ

Intian valtameri

ኣንታርክቲክ ዉቅያኖስ

Eteläinen jäämeri

አርክቲክ ዉቅያኖስ

Pohjoinen jäämeri

ሰሜን ዋልታ

pohjoisnapa

ደቡብ ዋልታ
....
etelänapa

አንታርክቲካ
....
Antarktis

ምድር
....
maa

መሬት
....
maa

ባህር
....
meri

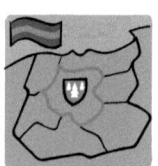

ደሴት
....
saari

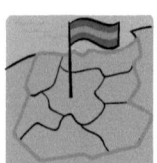

አገርና ህዝብ
....
kansa

መንግስት
....
osavaltio

ሰዓት

kello

የሰዓት ገፅታ

kellotaulu

ሰዓት

tuntiviisari

ደቂቃ

minuuttiviisari

ሴኮንድ

sekuntiviisari

ስንት ሰዓት ነው?

Paljonko kello on?

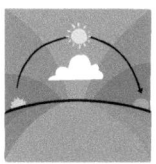

ቀን

päivä

ጊዜ

aika

አሁን

nyt

የቁጥር ሰዐት

digitaalikello

ደቂቃ

minuutti

ሰዓታት

tunti

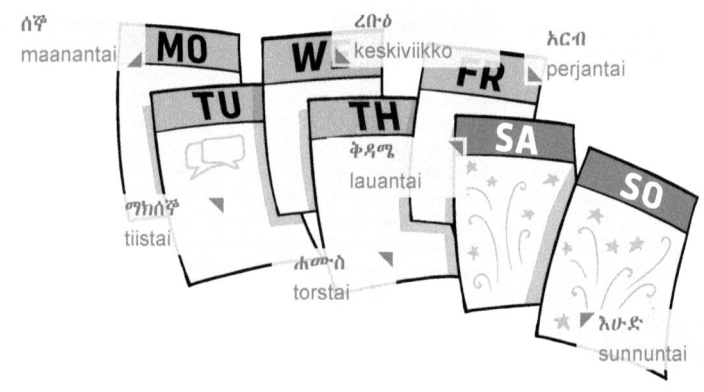

ሳምንት

viikko

ሰኞ
maanantai
ረቡዕ
keskiviikko
perjantai
ቅዳሜ
lauantai
ማክሰኞ
tiistai
ሐሙስ
torstai
እሁድ
sunnuntai

ትላንት

eilen

ዛሬ

tänään

ነገ

huomenna

ማለዳ

aamu

ቀትር

keskipäivä

ምሽት

ilta

የስራ ቀናት

työpäivät

የዕረፍት ቀናት

viikonloppu

ዓመት

vuosi

ዝናብ
sade
ቀስተ ዳመና
sateenkaari
ጥጥ የሚመስል አመዳይ
በረዶ
lumi
ፀደይ
kevät
በጋ
kesä
መኸር
syksy
ክረምት
talvi

4.APRIL 11°
5.APRIL 4°
6.APRIL 13°
7.APRIL 8°
8.APRIL 10°

የአየር ሁኔታ ትንበያ
....
sääennuste

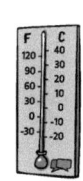

የሙቀት መለኪያ
....
lämpömittari

የፀሀይ ሙቀት
....
auringonpaiste

ደመና
....
pilvi

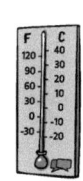

ጭጋግ
....
sumu

እርጥበታማነት
....
ilmankosteus

መብረቅ

salama

ነጎድጓድ

ukkonen

አዉሎ ንፋስ

myrsky

የበረዶ ዝናብ

rae

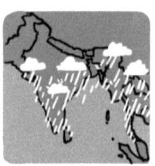

አዉሎ ንፋስ

monsuuni

ጎርፍ

tulva

በረዶ

jää

ጥር

tammikuu

የካቲት

helmikuu

መጋቢት

maaliskuu

ሚያዚያ

huhtikuu

ግንቦት

toukokuu

ሰኔ

kesäkuu

ሐምሌ

heinäkuu

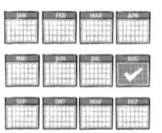

ነሀሴ

elokuu

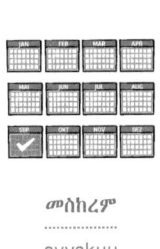

መስከረም

syyskuu

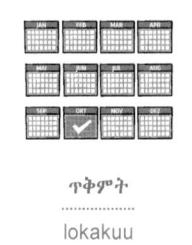

ጥቅምት

lokakuu

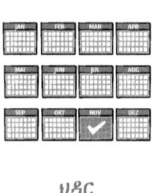

ህዳር

marraskuu

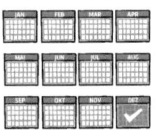

ታህሳስ

joulukuu

ርፆች

muodot

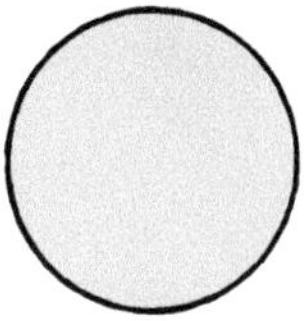

ክብ

ympyrä

አራት ማዕዘን

neliö

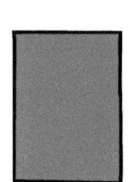

አራት ቀጥተኛ ማዕዘኖች ጎኖች ያሉት ቅርፅ

suorakulmio

ሶስት ማዕዘን

kolmio

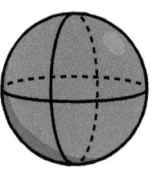

ሉል

pallo

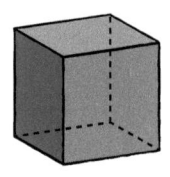

ስድስት ጎን ያለዉ ቅርፅ

kuutio

ቀለማት

värit

ነጭ

....

valkoinen

ቢጫ

....

keltainen

ብርቱካናማ

....

oranssi

ሮዝ

....

vaaleanpunainen

ቀይ

....

punainen

ወይን ጠጅ

....

violetti

ሰማያዊ

....

sininen

አረንጓዴ

....

vihreä

ቡኒ

....

ruskea

ግራጫ

....

harmaa

ጥቁር

....

musta

ተቃራኒዎች
vastakohdat

ብዙ/ ጥቂት

paljon / vähän

ንዴት/ እርጋታ

vihainen / ystävällinen

ቆንጆ/ አስቀያሚ

kaunis / ruma

ጅማሬ/ ፍፃሜ

alku / loppu

ትልቅ/ ትንሽ

suuri / pieni

ደማቅ/ ደብዛዛ

vaalea / tumma

ወንድም/ እህት

veli / sisko

ንፁህ/ ቆሻሻ

puhdas / likainen

የተሟላ/ ያልተሟላ

täydellinen / epätäydellinen

ቀን/ ምሽት

päivä / yö

የሞተ/ ህያዉ

kuollut / elävä

ሰፊ/ ጠባብ

leveä / kapea

የሚበላ/ የማይበላ
syötävä / syömäkelvoton

ክፉ/ ደግ
paha / kiltti

ደስተኛ/ ድብርተኛ
innostunut / tylsistynyt

ወፍራም/ ቀጭን
lihava / laiha

መጀመርያ/ መጨረሻ
ensimmäinen / viimeinen

ጓደኛ/ ጠላት
ystävä / vihollinen

ሙሉ/ ጎዶሎ
täysi / tyhjä

ጠንካራ/ ለስላሳ
kova / pehmeä

ከባድ/ ቀላል
painava / kevyt

ረሃብ/ ጥማት
nälkä / jano

ህመም/ ጤንነት
sairas / terve

ህገወጥ/ ህጋዊ
laiton / laillinen

ጎበዝ/ ደደብ
älykäs / tyhmä

ግራ/ ቀኝ
vasen / oikea

ቅርብ/ ሩቅ
lähellä / kaukana

አዲስ/ አሮጌ

uusi / käytetty

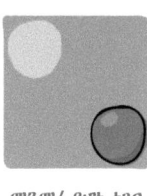

ምንም/ የሆነ ነገር

ei mitään / jotain

ሽማግሌ/ ወጣት

vanha / nuori

የበራ/ የጠፋ

päällä / pois päältä

ክፍት/ ዝግ

auki / kiinni

ፀጥታ/ ጫጫታ

hiljainen / äänekäs

ሃብታም/ ደሃ

rikas / köyhä

ትክክለኛ/ የተሳሳተ

oikein / väärin

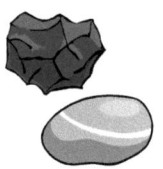

ሻካራ/ ለስላሳ

karhea / sileä

ሐዘን/ ደስታ

surullinen / iloinen

አጭር/ ረዥም

lyhyt / pitkä

ዝግተኛ/ ፈጣን

hidas / nopea

እርጥብ/ ደረቅ

märkä / kuiva

ሞቃት/ ቀዝቃዛ

lämmin / viileä

ጦርነት/ ሰላም

sota / rauha

ቁጥሮች
numerot

0	1	2
ዜሮ	አንድ	ሁለት
nolla	yksi	kaksi
3	4	5
ሶስት	አራት	አምስት
kolme	neljä	viisi
6	7	8
ስድስት	ሰባት	ስምንት
kuusi	seitsemän	kahdeksan
9	10	11
ዘጠኝ	አስር	አስራ አንድ
yhdeksän	kymmenen	yksitoista

12

አስራ ሁለት

kaksitoista

13

አስራ ሶስት

kolmetoista

14

አስራ አራት

neljätoista

15

አስራ አምስት

viisitoista

16

አስራ ስድስት

kuusitoista

17

አስራ ሰባት

seitsemäntoista

18

አስራ ሰስምንት

kahdeksantoista

19

አስራ ዘጠኝ

yhdeksäntoista

20

ሃያ

kaksikymmentä

100

መቶ

sata

1.000

ሺህ

tuhat

1.000.000

ሚሊዮን

miljoona

ቋንቋዎች
kielet

እንግሊዝኛ

englanti

የአሜሪካ እንግሊዝኛ

amerikanenglanti

የቻይና ማንዳሪን

mandariinikiina

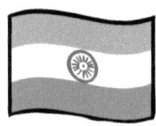

ሂንዱ

hindi

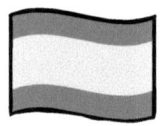

ስፓኒሽ

espanja

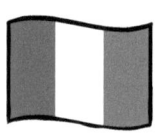

ፍሬንች

ranska

አረብኛ

arabia

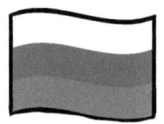

ራሺያኛ

venäjä

ፖርቹጊዝ

portugali

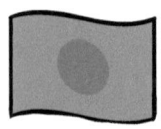

ቤንጋሊ

bengali

ጀርመን

saksa

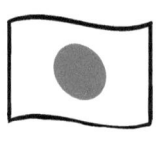

ጃፓንኛ

japani

ማን/ ምን/ እንዴት
kuka / mitä / miten

እኔ

minä

አንተ

sinä

እሱ/ እርሷ/ እቃዉ

hän

እኛ

me

አንተ

te

እነርሱ

he

ማን?

kuka?

ምን?

mitä / mikä?

እንዴት?

miten?

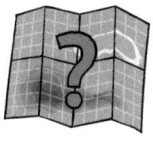

የት?

missä?

መቼ?

milloin?

ስም

nimi

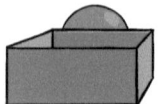

የት

missä

በስተጀርባ

takana

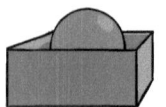

ዉስጥ

sisällä

ከፊት ለፊት

edessä

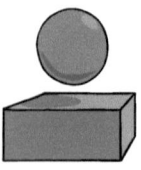

ከላይ

yläpuolella

ላይ

päällä

ከስር

alapuolella

አጠገብ

vieressä

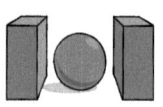

መሃከል

välissä

ቦታ

paikka